Una psicoterapia?
No… Una vita…

Maddalena Bosio

Una psicoterapia rogersiana in forma di poesia

GIUGNO 1989
A TE, AMICA MIA IN OSPEDALE
Ti ho detto: afferrati all'altro capo
della cordicella rossa, e tira forte
fino a sentire la tua consistenza.
So della tua paura dl perderti per sempre.
È immensa, e quando parla
si sparisce davvero
se non c'è nessuno che conosca la strada
per averla percorsa molto lentamente.
Ma non so raccontarti
come si fa a vivere il momento
e ricordare, qualcosa almeno,
e insieme progettare.
Ho bisogno ancora di lunghe assenze;
credo sia questo a salvarmi la vita.
Forse tutto il nostro arrabattarci
è possente richiesta
di rispetto e dl giusto silenzio.

Con profonda stima e gratitudine, dedico questo lavoro alla mia psicoterapeuta.

A te, Eliana, che con pazienza unica e amorevole mi hai accompagnata per i meandri del mio cammino lungo, doloroso, tortuoso, fino là dove ho potuto prendere il volo… così come cerco di fare io ora con i miei clienti.

…You shall leave nothing behind but your bubbles
You shall take nothing but your memories…

Indice

Introduzione dell'autrice

A volte il cammino terapeutico produce l'intensa esigenza di "fissare" le tappe più significative, e così accade che la persona scopra una venatura poetica nel proprio dire e raccontarsi. Spesso infatti gli stati d'animo trovano una loro giusta espressione soltanto attraverso il linguaggio ed il ritmo della poesia.

È così che una paziente riesce a tracciare un percorso, a scrivere una storia di dolore e di ricordi, belli e brutti che la protagonista del processo terapeutico ha ripescato nella memoria, piano piano, come piano piano si definiscono le figure emergenti nella nebbia, con l'aiuto della psicoterapeuta.

Le poesie datate dall'inizio della terapia, sono la testimonianza di quanto sia lungo e lento il lavoro di mondatura di ciò che è stato, di quanto sia faticoso l'abbandono delle difese erette a protezione della sofferenza. Ogni brano attesta la difficoltà di recuperare il passato, di ricostruirlo attraverso il rinnovarsi delle emozioni e delle angosce vissute e nascoste, fino a trovare il senso mediante una cruda, forse crudele, rilettura della realtà; cosi come se avessimo tanti tasselli di un puzzle di cui si è perduta la figura d'insieme.

Alcuni versi ci parlano di quanto sia arduo abbandonare le illusioni e i sogni coltivati ostinatamente nel tentativo di realizzarli, e ci rivelano quale amarezza comporti questo passaggio attraverso la porta stretta del riconoscimento dei limiti, dei confini, in ultima analisi, del proprio destino.

A questo punto del percorso terapeutico, animati da una nuova saggezza, si intraprende il dialogo, al vero interrotto da molti anni, con quelle parti infantili di sé che hanno vagato per il mondo in cerca di qualcuno che si prendesse cura di loro. Questo errate per il mondo, tanto vano quanto disperato, è reso possibile dal fatto che, permanendo queste parti infantili, la parte adulta non ha occhi maturi per vedere le cose secondo il principio critico della realtà e quindi non riesce a smettere di cercare qualcuno ed occuparsi autonomamente di quelle parti. Alla fine il "bambino" troverà la quiete grazie alle cure che "l'adulto", ormai libero dai legami con il passato, avrà per lui.

In definitiva, la proposta di queste poesie è la comunicazione dell'esperienza fatta in un processo psicoterapeutico. Un percorso, una storia di dolori e di ricordi che la protagonista ripesca piano piano, in compagnia della sua terapeuta. In ogni caso conduce il lettore dentro i segreti della terapia, che risulta quindi essere una ricerca della storia reale dell'infanzia di ognuno, così com'è stata vissuta dalla persona; mentre il terapeuta è colui che aiuta il suo cliente a ritrovare quelle parti del Sé accantonate poiché produttrici di sofferenze troppo insostenibili per l'Io di quel bimbo/bimba.

Dopo tanti anni di lavoro terapeutico, non mi resta che il desiderio di poter dipingere, un giorno, in un quadro, tutti quei "bimbi ritrovati" e "recuperati" dai fantasmi del passato e poterli vedere camminare in tante file, mano nella mano con gli occhi ancora umidi dalle ultime lacrime delle loro storie ormai risolte... con i volti ancora affaticati dal vagare, una vita, nella speranza innocente di "ricevere" quello di cui avevano diritto.

Occhi di bimbi finalmente RISARCITI dalla propria verità, messa al posto giusto: risarciti perché hanno trovato finalmente qualcuno che li ascolta, crede loro, li protegge, a loro vuole bene e di loro si prende cura.

Risarciti da quella parte adulta che avendo ritrovato la propria dignità, cammina, ora, nel mondo, sorretta dalle proprie gambe, che è dal proprio "essere autonomi"; oppure che finalmente tagliato i "fili d'argento" che la tenevano legata all'altro e a cui restava aggrappata in un rapporto di dipendenza ed attese vane, del suo "gelato alla fragola"...

> Non c'è storia senza dolore
> Non c'è dolore senza una storia
> Percorri il fiume che scorre in te,
> Guarda, ascolta, senti, vivi
> Fino al mare del dolore
> Del tuo bimbo...

Maddalena Bosio

Introduzione tecnica
Cos'è una psicoterapia? …Una nuova proposta in forma di poesia

Chi lavora nel campo della psicoterapia con approccio esistenzialista-fenomenologico, che si riconosce nella filosofia esistenzialista e ha come riferimento la fenomenologia, apprezzerà questo nuovo libro di Maddalena Bosio "Una psicoterapia? No… Una vita…"

Congruentemente con i suoi presupposti filosofici scientifico metodologici, il percorso psicoterapeutico si storicizza in una successione di sentimenti. Il suo racconto non può essere una descrizione in prosa di matrice positivista (e come "parla in prosa" il Borghese Gentiluomo di Molière) perché deve utilizzare un mezzo più immediato per far esperire, e quindi veramente condividere, una esperienza.

Maslow ci conforta a proposito dell'utilità dell'esperienza di chi lavora nel campo della psicoterapia come strumento assolutamente centrale della professionalità del terapeuta che si riconosce nella filosofia esistenziale.

In questo libro l'autrice utilizza la poesia perché riporta le poesie che una sua paziente, o meglio Rogersianamente "cliente", ha scritto durante i lunghi anni di terapia e che sono perfettamente funzionali alla trasmissione dei sentimenti forti e determinanti come tappa di sviluppo del percorso terapeutico.

Poesie che hanno il soffio della vita, il tocco dell'esistenza, il peso del dolore. Una storia vissuta nella sua cruda realtà e totale interezza. Una storia di dolore recuperato e vissuto nella realtà dell'oggi, del qui ed ora, che porta in sé, come spaccato geologico, ogni elemento della propria storia. Nulla va perduto, restano tenacemente coesi, come nel nucleo di un buco nero astrale, tutti gli atomi del nostro tempo vissuto: nani sulle spalle delle nostre gigantesche, pesanti, dolorose storie.

La sfida terapeutica consiste nel riuscire a rimarginare le ferite causate da vicende vissute con sofferenza, impotenza e paura, se non confusione, nei casi più gravi. A chiudere i conti con i bisogni insoddisfatti ed i relativi vuoti.

Sul come "raccontare" una psicoterapia si è sempre usato un approccio descrittivo ed "obiettivo" come la relazione sulle sedute che deriva dall'approccio scientifico positivista ed utilizza, naturalmente, la prosa. Se il presupposto metodologico è che non c'è conoscenza e comprensione vera se non c'è esperienza, è chiaro che lo strumento usato doveva essere diverso, più atto ad evocare delle individuali, autonome personalissime emozioni: l'Arte, probabilmente. È una lettura che va centellinata in tempi lunghi, tali da permettere di esplorare e mentalizzare emozione dopo emozione, la strada di Angelina.

Questo non è un libro da leggere, ma un libro che si offre per condividere un'esperienza, cioè la sola vera via per la conoscenza.

Se l'esperienza è tua, io, terapeuta, non ho alcun potere, salvo quello dell'ascolto.

Deborah Turchetto
Ginecologa, Psicoterapeuta

Prefazione

Questo lavoro non può e non vuole essere ritenuto di carattere scientifico, mancando di basilari supporti per concepirlo come tale. Può essere, con il suo contenuto empirico, considerato un saggio psicologico.

I dati sono il prodotto di un'esperienza terapeutica. Un tipo di esperienza che ho potuto verificare molte volte, non sempre, nel mio lavoro come psicoterapeuta Rogersiana.

Mentre la psicoanalisi elabora il materiale emergente attraverso la "realtà" della libido, la Terapia Centrata sulla Persona si affida al percorso e al mondo esperito dalla persona e alla sua storia. Dice Maslow nella sua opera "Verso una psicologia dell'Essere" che "il miglior modo per comprendere un altro essere umano, o almeno un modo necessario a certi fini, è di entrare nella sua "Weltanschauune" e riuscire a vedere il "suo" mondo attraverso i "suoi" occhi". Ovviamente, tale conclusione è agli antipodi di qualsiasi filosofia positivistica della scienza...".

La psicoterapia o il percorso terapeutico è stato effettuato secondo le tecniche della scuola Rogersiana.

Il lavoro è una conferma che ci possono essere cambiamenti in psicoterapia e che le emozioni e i sentimenti hanno un ruolo molto importante nel determinare tali cambiamenti.

Viene confermata la Teoria dei bisogni di Maslow ed i concetti della filosofia esistenziale. Concetti e teorie confermate da Rogers.

Il "modo di essere" a cui approda il cliente che percorre tutte le tappe per il recupero del vero sé stesso, è di tipo esistenziale. Questi concetti sono emersi dal "naturale" evolversi del lavoro "non direttivo" usato nei confronti del cliente.

Al termine del percorso di una "terapia di risarcimento", come la definisce Maslow, il "divenire" si integra ed interagisce con l'"essere", che corrisponde al "qui ed ora" di Rogers.

Le potenzialità giungono alla totale pienezza, la natura interiore si esprime liberamente anziché venire deformata, repressa, negata.

Altri concetti che riguardano il "processo terapeutico" sono invece l'elaborazione teorica che si è venuta formulando dalla mia personale esperienza come terapeuta e che mi permetto di esporre, confortata dalle parole di Maslow a proposito dell'utilità dell'esperienza di chi lavora nel campo della psicoterapia e che si riconosce nella filosofia esistenziale, per favorire la ricerca in tale direzione.

Egli parla della "necessità di partire da una conoscenza "sperimentale" piuttosto che da sistemi concettuali o da categorie astratte o da posizioni aprioristiche. L'esistenzialismo poggia sulla fenomenologia, vale a dire impiega l'esperienza personale, soggettiva, come fondamento sul quale costruire la conoscenza astratta...

Ad alcuni di questi concetti ho dato un nome molto semplice, se non banale, per teorizzare. Ma sono le parole che ho usato ed uso con i clienti stessi, sperimentando il grosso impatto emotivo e cognitivo che riescono a produrre.

Tali concetti saranno oggetto di approfondimento in un successivo lavoro in via di elaborazione e stesura.

L'esperienza che riporto in questo libro vuole essere una risposta all'invito di Maslow a verificare le sue teorie esposte nell'opera indicata.

Si conferma la Teoria dei Bisogni ed i concetti fondamentali della "Terapia del risarcimento", come la chiama lui.

Il malessere deriva da un "Essere" in funzione di: motivazioni carenziali, da coazioni a ripetere come afferma Maslow e da "dolori storici" e paure, aggiungo io, il che non permette all'individuo di essere pienamente funzionante. Tale concetto è condiviso anche da Rogers.

La paura impedisce al bimbo di reagire alla realtà, perché gli manca la fiducia e la sicurezza che servono nel sopportarla o affrontarla, ammesso che in quel momento della sua vita le sappia "leggere"...

La "sfida" terapeutica consiste nel riuscire a rimarginare le ferite causate da vicende vissute con sofferenza, impotenza e paura, se non con confusione nei casi più gravi. A chiudere i conti con i bisogni insoddisfatti ed i relativi "vuoti".

Ma la parte più delicata, se non difficile, consiste nell'integrare la parte infantile con quella adulta. Il "cerchio" si chiude quando le antiche emozioni legate a precisi "tasselli" della Realtà passata vengono recuperate, riconosciute e rimesse al loro giusto posto. Ecco che il principio e la fine si incontrano ed il "cerchio" si chiude.

Queste antiche emozioni, allora bloccate, ma "rimesse in circolo" in modi contorti per tutto questo tempo, lasceranno il posto alla sicurezza acquisita per mezzo della psicoterapia, dalla parte adulta e che è quella che il bimbo avrebbe potuto avere se avesse avuto dei genitori del tipo descritto da Maslow.

I mutamenti, come asserisce Maslow, non sono derivati dalle acquisizione di abitudini o associazioni, ma dalla integrazione delle parti dopo un lavoro di "sfrondatura" delle difese e dei comportamenti adottati per coprire le ferite ed i dolori insostenibili per l'io e di altri modelli di comportamento usati come strategie (fallimentari) per ottenere ciò di cui si ha bisogno.

Dice Maslow: "Il comportamento della persona che si autorealizza è creato e liberato piuttosto che acquisito".

Le poesie

Questa raccolta di poesie è il percorso di una cliente che chiamerò Angelina, ma può essere il percorso di tante altre Angeline, tante quante sono quelle o quelli che percorrono la strada della propria storia.

Cliente, psicoterapeuta, date ed altri riferimenti non corrispondono al vero, sia per ragioni di riservatezza, sia per consentire a chiunque legga questa "storia" di potervisi rispecchiare come protagonista, in veste adulta o bambina, come genitore, come professionista, o qualcosa d'altro.

Il processo terapeutico sarà veramente "un opera" più completa quando oltre al lavoro di integrazione delle parti di sé, ci sarà una modificazione di modelli comportamentali adottati a suo tempo per sfuggire alla realtà ansiogena.

Come sostiene C. Rogers:

"L'uomo nelle sue potenzialità non ha limiti", quindi una volta ripreso un dialogo con la propria autenticità ed essendo uomo in un processo di divenire continuo, "la strada" della tendenza formativa (così Rogers chiama l'energia vitale) non ha fine. Le poesie sono la rappresentazione di una piccola parte del processo terapeutico.

Un grazie ad Angelina e a tutte le Angeline ed Angeli che ho incontrato ed affiancato durante il loro percorso terapeutico, lungo o corto che sia stato. Le loro storie, i loro percorsi sono stati tesoro per il mio lavoro e crescita personale.

Un grazie particolare all'amica Angela Romito, avvocatessa che tutela i diritti del bambino nelle cause per separazione o abuso.

La sensibilità che le è propria ed il lavoro che svolge mettendola a contatto con il dolore dei bambini, è quello che si riconosce nel tono accorato con cui ha "tinto" le mie parole in questa parte introduttiva.

I nostri sogni sono come quel "gelato alla fragola" che è la nostra domanda vitale: il desiderio ancestrale, il bisogno che, se non soddisfatto perché non avuto da colei/colui cui è naturalmente rivolto, ci accompagnerà passo dopo passo negli anni a venire, "fedele e bastardo tiranno".

Una "introduzione che si rispetti" dovrebbe serbare il dono della chiarezza nel tentativo di condurre il lettore a meglio interpretate l'arcano mistero che si cela dietro i versi poetici... bene, questa non è una "introduzione che si Rispetti".

Non si può spiegare, né si può capire, ed è solo una chimera quella di una cliente -Angelina- che poi è la stessa psicoterapia.

Allora che fare? Desistiamo, io dallo scrivere, voi dal leggere?

Sarebbe, forse, più facile e sicuramente meno "fastidioso"; tuttavia noi non possiamo, io come voi.

La nostra ricerca è un lavoro faticoso che si snoda intorno ad una matassina di "fili d'argento" che portiamo con noi e con cui cerchiamo di avvolgere colui/colei che abbiamo "eletto a soddisfare i nostri bisogni frustrati". La vita poi, farà sì che quei bisogni inappagati diventino sogni che, più o meno inconsapevolmente, riverseremo sugli altri.

Una lenta maturazione, un "pieno" di fiducia ed una "carovana" di amore per noi stessi - che è l'accettazione di sé — ci favorirà nella inesorabile lettura della realtà passata e presente, conducendoci verso la elaborazione dei tanti "lutti nascosti" e la rimarginazione delle ferite subite, dandoci la forza di "partecipare ai tanti funerali" dei nostri sogni/bisogni frustrati; di riempire i vuoti con il vuoto.

Voi conoscete bene il dolore che scorre come linfa vitale nelle pieghe delle vostra membra abbattute, io come voi.

A voi non è celata la sequenza infinita di perdite, conquiste, difese, speranze, fallimenti che, come le venature visibili nella sezione del tronco della quercia stanno ad individuarne l'età, così segnano anche la vostra "età" e la mia.

Il punto allora non è privarsi di quel gelato alla fragola fino ad annullare l'immagine, il colore ed il sapore, non è sostituirlo con un altro gelato o con un diverso surrogato.

Dobbiamo soltanto smettere di chiederlo a chi non ce lo può o vuole dare, a chi quel gelato non lo ha mai avuto oppure lo vuole tenere per sé. Di accettare la realtà quale è stata e che non potrà più essere cambiata; una realtà che può essere stata cruda e per qualcuno, anche a volte crudele.

I duelli, le battaglie, le guerre sono contro noi stessi.

La "sconfitta" porta seco un malinconico SE, il rimpianto per qualcosa che "avrei potuto…".

La "rinuncia" implica separazione, il coraggio di dire "addio", di dirsi addio; è frutto di una crisi e come tale, di una scelta.

Le poesie altro non testimoniano se non lo stesso lavoro di "sfrondatura" da difese erette come muri a protezione della sofferenza.

Ogni brano è il tassello di un mosaico che si completa, infine, permettendoci di dialogare con la nostra bambina, che per anni ha "girato il mondo", funambola senza requie, in cerca di qualcuno che semplicemente la volesse così, per poi ritrovare quel qualcuno nella propria parte adulta che, liberata, può finalmente — e non aspettava altro - prendersene cura, abbracciandola, accarezzandola, ricoprendola di baci.

La psicoterapia è il viaggio obbligato di una infanzia che voglia - o meglio sia lasciata - emergere dai meandri dell'inconscio.

Il terapeuta è l'amico indispensabile a ritrovate quei frammenti che in un tempo lontano furono immersi nella insenatura più angusta del nostro io bambino/bambina in quanto portatori di un dolore insostenibile.

Perduta

La forza di alzarsi e di muoversi con il fardello del proprio dolore, della consapevolezza angosciante di essere rimasta sola, è un URLO DI DOLORE.

Perduta

I primi passi nella
mia solitudine.
Amara è l'attesa
vuota rimane la mano tesa.
Cosa aspetti? Una briciola d'amore
amaro è il boccone lesinato e dato.
Non si può esistere nel non esistere.
Ma non so cosa decidere.
Occorre morire per rinascere
languire è solo un poco morire
Oh! Non è giusto! Non voglio morire
Uccidetemi

Debbo ritornare sui miei passi
di una lunga strada
per rivedere quello che ho lasciato
indietro. Ritrovare. Recuperare.
Riguardare. Rimuovere. E
dovrò rovistare e forse
raccogliere solo quel poco che
è rimasto.

Dicembre 1987

Silenzio

Il dolore si è acquietato, la strada intrapresa. Sembra che Angelina si sia collegata con alcune parti o ricordi dimenticati di sé; alcuni più visibili, altri inquietanti ed invisibili.

Silenzio

La gente nuota nell'acqua, io
nuoto nel vento caldo che mi avvolge,
delle giornate assolate.
Nuoto nella luce calda del sole,
nuoto nel silenzio del paesaggio caldo d'estate.

Non c'è nessuno. Una strada rossa
e sterrata; diritta; nel miraggio
del caldo. Sabbia gialla; cespugli
rinsecchiti ed impolverati dal
silenzio. Un odore di secca resina e
silenzio, e nessuno. No… c'era
qualcuno presente: il silenzio. Ne
avverto la sua presenza, …mi
tiene compagnia: siamo io e lui
…soli… e una lunga strada
arsa dal sole. E anche i
bagliori di caldo, ai miei occhi
di bimba, diventano presenze,
presenza mite e misteriosa.
Tutto intorno erano: odori e
fascino e una lieve paura
inquietante. Un qualcosa
di presente: era l'invisibile.

Giugno 1988

Dolore

Angelina si appropria del dolore di essere stata inascoltata. E si affida alla sua terapeuta "Arianna".

Dolore

Mamma…
Era il mio dolore
    che volevo portarti
Era il mio dolore
    che volevo farti vedere
Era il mio dolore
    che volevo darti
Volevo che tu lo tenessi
    nelle tue mani
Volevo che tu mi facessi vedere
    che non c'è nulla da temere
Volevo che tu me lo prendessi

Ma avevo imparato
    che potuto non mi avresti lasciato

Ma avevo imparato
    che molto avrei rischiato
e ho girato e girato e girato
    finché ho trovato dove l'avrei lasciato:
nelle tue mani
    Arianna…

Novembre 1988

Il muro

Le emozioni fanno fatica ad esprimersi causa una barriera costruita nel tempo. Angelina ha una netta percezione del muro e delle difficoltà per "scioglierlo" …e diventa un dialogo con la malinconia.

Il muro

C'è un muro…
le emozioni mi scorrono, sfuggono
lungo un fiume dal letto duro –
–   Non ti ho sentita;
     presenza silenziosa e infinita
     della mia vita
–   *Finalmente mi hai sentita*
–   Ti chiami malinconia, vero?
–   *Sì; è da tanto tempo che aspetto. Una vita*
–   Il tuo viso ho riconosciuto
     Ma non mi era mai piaciuto
–   *Da anni ci sono, da anni sola sono;*
     non vedo; non sento
     ma la tua presenza sento
     prendimi, curami, cullami
     non mi lasciare, non so dove andare
     perché io non so camminare.
–   Ma chi sei? Perché ci sei? Da dove
     sei venuta? Come sei venuta?
–   *Non lo so – sono io… malinconia… non so vivere*
–   Cosa posso fare per te?
–   *Non lo so; stai con me, aspettami.*
     Il tuo muro, le porte chiuse
     sono state la mia vita
Sono stanca sai, di sentirmi straniera
ma tu malinconia, chi sei?!…

Settembre 1989

Duelli

Angelina cerca di reagire nel suo mondo presente, ma trova (incontra) ostacoli e contromanovre ancora più potenziate.

Però comprende anche, pur non essendo in grado di cambiare qualcosa, le proprie modalità fallimentari di comportarsi.

Duelli

Sono stanca – il cuore non respira
lo sento battere
mi arriva fino alla gola – c'è l'affanno –
ogni dialogo è un duello;
ogni dialogo è un attacco –
sono arrivata a vedere
che a tutto debbo ubbidire;
a tutto debbo spiegare –
a tutti mi offro… e qui…
mi sono confusa…
la mia disponibilità
è diventata tutto e per tutti – ma…
non mi ha insegnato a difendermi:
mi sono sempre giustificata –
ho sempre spiegato.
Non mi ha insegnato a tenere le distanze:
a dire di no per me –
a tenere spazi per me
non mi ha insegnato a conservare me stessa:
ho accettato aggressioni senza reagire.
Invece
ho spiegato, spiegato e spiegato
cercando di cambiare l'idea altrui:
così mi "lasciasse stare"
anziché trovare un modo per essere lasciata in pace:
dire di no –
non permettere di essere disponibile
pronta all'uso –
pronta all'occorrenza –
ma
offrirmi io nel sacrificio –
nella fatica –
accorciare io –

spostare io – per "stare dentro"
le esigenze dell'altro

Ottobre 1989

spostare io – per "stare dentro"
le esigenze dell'altro

24

Mai più

La lotta tra una realtà inequivocabilmente perdente per ciò che sta esperendo e il sogno che non può e non deve scomparire.

Mai più

Non aspetto più niente
perché ho scoperto che
nessuno mi aspettava
e nessuno mi aspetterà
se loro hanno deciso di
non farlo…
sono irraggiungibili…
mamma
quanto ti ho aspettata
ma tu non c'eri…
ma tu non mi vedi
perché altrove sei voltata.
Quanto mi sono illusa:
"ecco… sì… questa volta!"
"e poi questa! …e poi questa! …e poi…"
e poi MAI…

Novembre 1989

La mia realtà

Avendo accettato, in parte, di non lottare più, per ottenere un amorevole considerazione, Angelina vede meglio i "giochi" delle parti.

La mia realtà

Quante volte ti ho chiesto di guardare la realtà
tante volte mi rispondevi che vaneggiavo
quante volte ho rifatto i conti dubitando
di avere sbagliato. Ma altrettante volte
la realtà ritornava… "quadrava"… ma… tu…
Quelle volte che ci siamo "imbattute" entrambe
nella stessa realtà, mi chiedevi di farti il favore
di celarla e io pronta e io "avida" d'amore
mi alleavo con te perché "sì questa volta"
mi avevi vista; saremmo state insieme…
finalmente… avevo conquistato "quel" posto dentro di te
Ma poi quando ti chiedevo; "ricordi quella volta?
Ricordi quella cosa? Ricordi com'è andata? Tu
mi rispondevi: ma quale cosa? ma Che cosa?...
Ma tu vaneggi!!"…
Avevi progettato tutto solo per te
per mettere a posto il tuo non vedere
e di nuovo scopro che tu non c'eri… non c'eri
mai stata… non ci saresti mai stata…
che tu non mi vedevi… che non mi hai mai vista…
che non mi vedrai mai… perché… LA REALTÀ È…
che io NON ci sono per te!!...

Marzo 1990

Un filo d'erba

Il contatto con il proprio nulla interiore conduce Angelina al nulla ed al limite dell'esistere.

Una volta affrontato il vuoto interiore, dobbiamo fare i conti con il vuoto esteriore, che è il non senso dell'esistere, da un punto di vista esistenziale/filosofico…

Un filo d'erba

Un filo d'erba
e il nulla… sono Nulla.
Un silenzio e
l'inerzia… sono Nulla.
nulla può essere qualcosa.
Qualcosa non c'è perché:
nulla o l'assoluto sono la stessa cosa.
Essere o non essere, in questa dimensione,
sono la stessa cosa;
qui o là si equivalgono.

Novembre 1990

Addio

Si chiariscono meglio i giochi giocati dal genitore e le conseguenze subite nello stare dentro i giochi altrui, e la strada faticosa che Angelina ha percorso per conquistarsi la propria autonomia ed un inizio di amore e rispetto per sé stessa.

Addio

Mamma,
perché hai scelto me per i tuoi giochi mortali?...
Ho il vomito,
il vomito negativo della morte, che mi sale
Mi hai colpita a morte
quando hai deciso della mia sorte.
Non sono mai riuscita a pensare
che potevo anche rubare
che potevo anche non studiare
che potevo anche per prima giocare
che potevo anche per prima, la racchetta usare.
Mi hai tagliato le gambe
e ho dovuto strisciare
finché mi sono potuta amare.
E adesso sono io
Che dall'altra parte della sponda
mi dico:
Ah! l'Angelina!!...
Addio… mio dolce nemico…

Dicembre 1990

32

Perdonami

Angelina scopre che anche lei cerca di togliere la libertà a colui che ama.

Perdonami

Voglio lasciarti libero,
Voglio lasciarti volare,
Voglio lasciarti scivolare
    sulle note della vita;
Voglio lasciarti la tua vita
nelle tue mani. Perdonami:
ti ho rubato tanto...

      (ad Angelo)

Febbraio 1991

34

È stato un grande atto d'amore

Angelina scopre che, sia la bimba sia l'adulta dentro di lei, si sono "vendute" in un grande atto d'amore per poter ottenere ciò di cui avevano bisogno.

È stato un grande atto d'amore

Sì sì sì… sì sì tutto quello che vuoi
ma dammi… quello che non vuoi
ma dammi qualcosa… perché non vuoi?!
vittima innocente dei guai tuoi
dammi quello che non vuoi
Ma tu non hai risolto i guai tuoi
ma così fai di me quello che vuoi
perché sono una vittima dei giochi tuoi?...

Marzo 1991

Giace in te

La terapia è arrivata oltre la ricerca su di sé e ha esplorato per sommi capi la storia dell'infanzia della madre, cercando di collegare tratti di storia dell'una con scelte comportamentali nell'ambito della famiglia di Angelina. Una parte sofferente di Angelina sembra sia quella parte che la madre ha negato in sé stessa, o con cui non è riuscita a fare i conti.

Questi aspetti del genitore sono visibili quando "non si chiede più" …noi consumiamo la nostra esistenza cercando di spiegare e capire i comportamenti degli altri. Quando abbiamo sciolto i "nostri" problemi, non abbiamo più bisogno di capire gli altri, perché li "vedremo".

Giace in te

Oh mamma ti ho guardata
e lì mi sono ritrovata
Davanti a me stava
la mia piccola quando era malata.

Era lì fuori da me
ma ora al suo posto giusto
un posto che è dentro di te.

Ti ho vista, fragile e non amata,
ti ho riconosciuta e subito amata.
Non ti abbandonerò mai
ti amerò di quell'amore
che tu non mi hai saputo dare.
          SONO LIBERA…

Aprile 1992

L'immortalità

Quando tutti i "fili d'argento" sono tagliati, rimani tu… e l'essenza delle cose, sfrondate o svestite di tutto ciò che è costruito da noi, dai nostri bisogni, dai nostri sogni, dai nostri valori…
Rimane l'essere nella sua essenzialità

L'immortalità

È nel silenzio
dell'essenza che
mi sono placata.
È nel silenzio
dell'essenza
che ho trovato
l'immortalità
dell'emozione
per te mamma.
Un'emozione che
ormai è senza tempo.
Sfrondata da tutto ciò che è stato…

Febbraio 1993

Silenzi

…Placato il dolore, placata l'accanita ricerca, placata ogni richiesta… scompare la nebbia e l'affanno dell'essere.

Silenzi

Silenzi continuano a scendere
come stelle
scendono sui tuoi
disordini e disorgani
E scompare la rabbia
e scompare il livore
tutto si acquieta
Ho visto che
disordini e disorgani
sono della tua vita
Scende il silenzio
anche sui perché
E scompare il dubbio
I tuoi orti incolti
non calpesterò mai più:
sono più sacri
dei miei silenzi.

Marzo 1993

42

Intrusa

Angelina è riuscita a liberarsi dai legami di dipendenza con la madre, non si chiede più il perché delle cose, è finalmente riesce a vedere con più chiarezza la madre con i suoi problemi.

Intrusa

Ti hanno cacciata dal nido e
tu hai fatto lo stesso con me.
Stavi a guardare da un angolo
la preferita che da quelle ginocchia
da te tanto desiderate
mandava, nemica, sogghigni al tuo dolore.
Anch'io per anni ho cercato
braccia calde che mi lesinassero
un poco d'amore,
un piccolo posto in quel loro nido.
Una vita ho trascorso nel proteggere e abbellire
nidi altrui per poi sentirmi un'intrusa.
Anche a te ho offerto tante mie cose
ma non le vuoi; non sono quelle che vuoi
perché anche tu hai una
preferita: quella che hai protetto
contro di me, perché non venisse
toccata da me, un nemico
che in realtà cercava solo amore.
E adesso che nidi altrui
non cerco più, ritorna
il grido dell'origine:
"datemi briciole d'amore"
anch'io voglio ali d'amore...
Ma il grido si spegne
nella certezza che...
ormai il gioco è finito
e non rimane altro che
risorgere...
...ma ...dove?...

Marzo 1994

Oh Rocky Rocky

Il dolore per la morte del cane ha aperto la ferita dei lutti e del senso della vita.

Oh Rocky Rocky

Oh Rocky, Rocky
Te ne sei andato
quando meno ce lo siamo aspettato
ho pianto tanto
di un pianto disperato
non perché sei morto
ma perché non ci sei più
è la tua esistenza che
è una grande assenza
hai lasciato un vuoto
di presenze, di giochi e
di riti
Un vuoto che pensavo che
non avrei mai colmato…
ma si è colmato…
Mah! …si colma…
quando trovo un nome:
        il nulla
eri e non sei più, mai più
sei andato nel NULLA
e questo è l'ultimo dono che m'hai dato.

Giugno 1992

Non ridere

Ora Angelina deve fare i conti con quei modelli che da sempre ha adottato, in modo fallimentare (per le aspettative errate che pone nei suoi comportamenti), e che ora una sua dignità non le permette più di usare. Passerà comunque del tempo, prima di poterli modificare…

Non ridere

Oh ti prego bambina mia
non ridere, no non ridere, ti prego
Oh, No! non ridere più bambina mia
ti prego…
Non nascondere più bambina mia
il tuo dolore, la tua vergogna
innocente
dietro il tuo bellissimo sorriso.
I signori del potere
non sono degni
del tuo dolce sorriso.
Vieni, ti porterò lontano con me
dove potrai ridere e ridere
nel vento della libertà
che non ti farà mai male.

Novembre 1995

La ricerca

In un soave "dimmi" Angelina racchiude o ricostruisce tutto ciò che… SAREBBE STATO…

La ricerca

Amore… dimmi… dimmi cosa vuoi
Oh sì… la dolce, soave voce che dice:
amore, amore dimmi cosa vuoi
amore… dimmi cosa posso fare per te
Sono qui per te
Sono qui… ti ascolto
Sono qui… ti curo…
Oh sì amore mio… ti aspetto…
Un sogno svanito nel tempo, ma
ritrovato sul momento… ora con me stessa.

Novembre 1996

Mio caro dolce amico

Angelina scrive così ad un giovane amico adolescente, figlio di una sua amica, dopo avergli fatto visita.

Mio caro dolce amico

Mio caro dolce amico
il dolore che nascondi
per non soffrire il male
che ti hanno fatto
e che forse ti stanno facendo
urla muto nel silenzio
dei tuoi cassetti.
Non aspettare che ti separi
completamente da lui:
È quello che ti sta salvando la vita.

Dicembre 1996

52

Perché

Angelina è colpita dalla sofferenza del giovane amico e cerca di contattare e individuare il suo dolore e stato d'animo. E così immagina il suo dolore prodotto dal padre.

Perché

Oh! Perché quando ti parlo
sento le mie mani
scivolare lungo una parete liscia
senza appigli?
Perché le mie parole
non arrivano mai dentro di te?
Ma le vedo scivolare
lungo le tue pareti di ghiaccio?
Ma io, vittima.
Tu non mi ascolti
non mi senti
sei sordo e non mi vedi
non prendi nulla
di ciò che ti offro
ma hai la forza di
buttarmi addosso e dentro
tutto il tuo mondo freddo e
a volte crudele.
E io sono rimasto
senza carte da giocare
perché le ho giocate tutte
nel tentativo di essere ascoltato e capito.
Ora mi trovo pieno di te…
e io non ci sono più.
Dove posso trovare le mie parole?
Aiutatemi!!…
Dove posso trovare i miei pensieri
che non siano i tuoi?
Nessuno li ha voluti e io li ho persi
Forse troverò qualcuno amico
che li ha trovati
e li sta conservando per me.
Chi sei tu, amico, amica mia?…

Dicembre 1996

54

A mio padre

Angelina chiude "il cerchio" del suo cercare con un… saluto al padre.

A mio padre

Caro amico mio
dov'eri tu mentre
mi piegavo al loro volere?
Il tuo sorriso senza parola
il tuo sguardo senza condanna
le tue ginocchia argine di dolore
mi hanno salvato la vita.
Perché non parlavi?
Perché non ti alleavi?...
Ah!... Forse era solo il bimbo
che pure tu portavi
nascosto in te e
che impotente mi vedeva
ma che, di potere... non ne aveva...
Vorrei che tu ci fossi ancora amico mio
per ora sorridere ai tuoi grugniti...

Maggio 1997

Ti vedo... Coraggio

Angelina ha capito che non può fare nulla per l'altro se non "esserci" con la propria presenza; presenza di una persona che non cerca più di sostituirsi né di capire, ma solo di "esserci".

Angelina parla al coraggio dell'amica come forza per andare avanti e al coraggio come volontà di essere e di esistere.

Ti vedo… Coraggio

Impervie pareti
Notti inquietanti
Pianti dirompenti
Tempeste incessanti.
Forza, coraggio
amica mia.
Vedo la tua strada
sento lo strazio delle tue ferite
che sanguinano
laddove si appoggiano alle
rocce roventi
e taglienti.
Non voltarti per ora
per valutare il tuo passato
…troppo cocente
è quello che senti…
Finalmente puoi piangere
e morire al tuo dolore.
Sono qui… ti guardo
ti sento… ti ascolto…
Vorrei… Vorrei… Vorrei
ma non posso fare altro che
ascoltare e guardare…
la tua vita che
anche tu devi ripercorrere
nel ciclo vitale del
ricordare – morire – e rinascere
a te stessa…
Una strada che non era necessaria
se ti avessero lasciata
vivere di te stessa
     E
dato solo una mano che

rispondeva alla tua richiesta:
- Mamma…
- Dimmi… amore mio…

Giugno 1997

Ri-trovata

Angelina ha ricontattato sul piano emotivo la dimensione sociale nella quale ha sviluppato, in seguito negli anni, il desiderio/bisogno di ribaltare le situazioni a lei intollerabili, per creare stabilità, equilibrio, equità.

L'analisi del presente, oltre all'analisi della sua storia passata, le ha permesso di creare ponti con il suo passato e rompere questi ponti passati, ma anche con quelli creati nel presente con le emozioni di allora, dando in tale modo vita ad un cambiamento nelle reazioni emotive e quindi anche comportamentali.

Ri-trovata

Quante accozzaglie di suoni assurdi
quanto incrociarsi di nubi nere e tempestose!
Quante docce gelate senza aspettarle
quanto rumore sordo senza avvertimento
quanto ringhiare senza motivo.
È lì che ti ho ritrovata piccola Angelina.
Dopo una lunga strada percorsa
nel ritornare
sui miei passi.
È lì che ti ho lasciata… da una vita.
Nascondendoti sotto la coltre del
mio disperato tentativo di creare
armonia… a qualsiasi prezzo…
Al prezzo della tua vita… della mia vita…
Ed io che mi sono venduta
per riparare accozzaglie che non mi appartenevano
ma che sono diventate
parte della mia vita.
Sono tornata a RI-PRENDERTI
piccola Angelina
E portarti via
con me
per sempre…

Aprile 1999

Aprile '99

Angelina mette una data come titolo della poesia.

Oramai non ci sono più situazioni da puntualizzare, ma una vita da vivere, sfrondata da tutto ciò che è stato. C'è voluto molto tempo per non lasciarsi prendere e riprendere dalle illusioni, per liberarsi dei modelli costruiti, ma alla fine l'amore per se stessa è prevalso ed ha vinto la sua battaglia delle illusioni per incominciare quella vera fatta solo di se stessa.

Aprile '99

Gli aironi si alzano in volo
prendono una direzione…
no, un'altra, girano, ritornano…
forse vogliono restare!!!...
ma poi prendono la spinta vitale
e… via… via.
Si innalzano sempre di più
diventano sempre più piccoli
le zampe diventano fili…
come i palloncini rosa
il cui filo d'argento
ho lasciato scivolare dalla mia mano
e con i miei sogni volano via
lontano.
Insieme agli aironi
diventano puntini lontani…
    e…
non ci saranno
al ritorno degli aironi
Non ci saranno più andate e ritorni
perché quel volo è un'andata senza ritorno.
Ed io ora riesco a vivere.

…You shall take nothing but your memories.

64

Note

Il vuoto

"Il vuoto si colma solo col vuoto..."

Il vuoto è prodotto dal bisogno non soddisfatto. Noi tentiamo di colmare i vuoti (per non avvertire il dolore, il pianto del "non avuto") con persone, cose, eventi vicarianti. Delle volte riusciamo ad ottenere ciò di cui abbiamo bisogno, ma non è sufficiente; oppure pur ottenendo ciò, rimane l'insoddisfazione di fondo. È il vuoto che continua ad emettere il suo pianto di dolore, non riconoscendo ciò di cui viene riempito. Perché la storia del presente non è la storia del proprio passato, per cui "quelle cellule" riconoscono solo e desiderano solo ciò di cui avevano "allora" bisogno, nel passato. Solo la nostra parte ormai adulta potrà colmarlo e lo colmerà riconoscendogli la storia di vuoto e accettando che il bisogno non esaudito non sarà mai soddisfatto.

"Le illusioni sono un goffo tentativo di soddisfare i propri bisogni..." (Giulia, 14 anni).

Gelato alla fragola

Il gelato alla fragola è il bisogno "specifico della propria storia".

Essendo specifico, deve avere "quel sapore e quel colore".

Ed è solo una specifica persona della propria infanzia (il genitore), che può soddisfare tale desiderio/bisogno.

In caso contrario, l'esperienza frustrante (che sarà specifica perché prodotta da "quella persona" o da "quel contesto familiare") produce ferite e crea vuoti che, nel bambino prima e nell'adulto poi, si cercherà di colmare costruendo, con grossissima fatica e alti consumi di energia psichica, i famosi "fili d'argento" con cui cercherà di avvolgere l'altro e a cui si aggrapperà disperatamente. Da qui nasce il motivo per cui è difficile abbandonare la propria nevrosi, è qui che cerchiamo di nutrirci del "nettare" negato nel passato.

Fili d'argento

Il "filo d'argento" è la rappresentazione metaforica dei sogni/bisogni che la persona cerca incessantemente ci realizzare.

Ognuno di noi cammina "per il mondo" cercando di avvolgere i propri fili d'argento intorno all'altro; fili che sono fatti dei nostri bisogni, fili dai quali ci vorremmo nutrire "nevroticamente". Il nutrimento è nevrotico nella misura in cui si spera che qualcuno ci dia ciò che non abbiamo ricevuto nell'infanzia cui avevamo diritto. Più tardi, cioè una volta che si diventa adulti, sarà questo adulto che trascinerà per mano il proprio bambino piccolo per "il mondo" in cerca delle cose non avute e per non vedere ciò che in realtà è stato.

Noi viviamo la nostra vita attraverso i nostri fili d'argento, nella illusoria speranza che qualcun altro soddisferà il vecchio bisogno, che nel crescere si è trasformato in sogno.

Ringraziamenti

I miei ringraziamenti vanno ad "Angelina", che negli anni mi ha consegnato piccoli foglietti con le poesie che scriveva in treno, mentre andava a casa dopo la terapia.

Un grazie infinito a tutti i miei clienti che mi hanno dato, e continuano a darmi, l'opportunità di imparare e di crescere in saggezza, rispetto ed amore universale.

L'autrice

Nata in Australia. Laureata in psicologia presso l'Università degli Studi di Padova, psicoterapeuta di Scuola Rogersiana (ha frequentato l'Istituto dell'Approccio Centrato alla Persona di Roma) ed ha avuto, come docenti, Carl Rogers, Chuck Devonshire e George De Rita del Centre for the Study of the Person – Università di San Diego – California.

Docente di Sessuologia Clinica presso il Centro Italiano di Sessuologia da molti anni, collabora con il Dipartimento di Psicologia presso l'Università degli Studi di Bologna.

Ha insegnato per oltre quindici anni Educazione Sessuale nelle scuole medie inferiori, da questa lunga esperienza è scaturito un libro "Il viaggio della nostra sessualità — vivere il modo di essere" ed. Clueb 2003.

Ha pubblicato alcuni articoli sul tema della sessuologia, pubblicati in varie riviste scientifiche.